UN CLOU
CHASSE L'AUTRE.

UN CLOU CHASSE L'AUTRE,

LETTRE

SUR

L'OPÉRA

D'IPHIGENIE.

A BERLIN.

M. DCC. LXXIV.

UN CLOU CHASSE L'AUTRE.

Si tous les Amateurs de la nouveauté se paſ-
ſionnoient pour me démontrer que M. Gl. eſt
le premier Muſicien de l'Europe & des trois
autres parties de la terre, je ne conteſterois pas
leur propoſition par l'impoſſibilité d'établir le
contraire; mais quand tous les Energumenes du
monde voudroient m'inoculer leur chaleur &
me prouver qu'Iphigénie eſt le plus agréable &
le plus délicieux des Opéra qui aient paru juſqu'à préſent, je réſiſterois toujours conſtam-
ment à leur perſuaſion, par la déclaration oppo-
ſée du tribunal où ma ſenſation perſonnelle
dicte la loi. Le propre de la Muſique, de même
que celui d'un beau tableau eſt de frapper également le connoiſſeur & l'ignorant; c'eſt de
plaire également à l'un & à l'autre par l'imi-
tation parlante de la nature : or, chacun à ſon
égard eſt ſon propre juge & obtient le droit
d'accorder ou de refuſer ſon ſuffrage, ſans con-
ſulter la diſpoſition de ſon voiſin. Le chef-d'œu-
vre de l'art eſt de ſubjuguer juſqu'aux gens ig-
norans. L'on ne parle, l'on ne chante, l'on ne
peint que pour parler aux ſens, & ils ſont auſſi
délicats chez ceux qui les ont tous neufs, que

A

parmi les érudits qui les ont ufés ou dénaturés
par l'étude & le raffinement de l'art. C'eft la
raifon pour laquelle Moliere confultoit fa Servante préférablement à l'Académie. Vainement
nos Docteurs enthoufiaftes s'écrieront-ils: Vous
n'avez point de goût, vous êtes fans connoif-
fance, & il n'y a qu'une bête qui puiffe ne pas
penfer comme nous. Doucement, Meffieurs,
leur dirai je, j'avoue mon ignorance cromati-
que ; mais fi j'avois été la Servante de M. Gl.
& qu'il m'eût chanté fon Opéra, je lui aurois
dit tout bêtement, votre ouvrage doit être
beau, mais je ne l'aime pas. C'eft un genre de
beauté qui me choque. Vous me peignez une
femme qui peut avoir de beaux traits, mais fon
enfemble me bleffe. Ses yeux me paroiffent
grands & rudes ; fon nez, quoique bien taillé
me femble énorme. Ses mains font jolies, & fes
bras font monftrueux. Elle porte bien une jambe
& boîte de l'autre ; fon fein eft beau, mais trui-
té : enfin, il me femble qu'avec de riches habits
elle eft mife d'un goût fingulier qui eft tout-à-
fait oppofé au coftume national. Voilà ce que
j'aurois dit de bonne foi à M. Gl. ; & s'il m'a-
voit injurié ou grondé parce qu'il auroit été
mon maître & qu'il en auroit fçu plus que moi,
je l'aurois laiffé dire, & je n'aurois nullement
changé de fentiment.

Je vous fais la même réponse, Messieurs les Néologues ; criez, cabalez, emparez-vous du champ de bataille, deux cens mille gens qui n'ont que du bon sens, diront toujours : Votre protégée a des traits piquans & quelques graces ; mais je ne l'aime ni ne l'aimerai, en dépit de ses souteneurs à gages ou volontaires.

1°. Elle ne sait ni ordonner des fêtes, ni faire les honneurs d'un bal, & c'est où nous brillons en France. 2°. Elle est d'un sérieux à glacer, avant même de prévoir les maux qui la menacent ; & moi j'aime à rire. 3°. L'on ne trouve dans son chant ni ports de voix, ni coulés, ni *trilles*, ni cadences; or ces ornemens sont toujours ravissans, sur-tout dans la bouche d'Iphigénie. 4°. Le récitatif *parlé* & le récitatif *platement obligé*, ressemblent souvent à la conversation d'animaux qui gloussent ; & si quelqu'un parloit de même dans la conversation, on lui riroit au nez ; ne dites donc pas que c'est imiter le naturel. 5°. La tendre Iphigénie n'a nullement l'air à la danse, & cette partie est à Paris celle qui transporte tous les Spectateurs. La plupart des gens ne vont à l'Opéra que pour les mouvemens inférieurs ; or si la passacaille est belle, les deux gavottes sont insipides, le tirebois est plat & tous les airs de violon en général sont mefquins , dépourvus de gaîté & dégarnis de cette expreffion caractériftique qui frappe l'efprit & la mémoire. Le Danfeur les bras étendus pirouëtte , fait des entrechats , des gargouillades & répéte cent fois la même chofe fans rien peindre ni exprimer. C'eft un cercle morne où l'œil s'appéfantit & où l'efprit s'extravafe. 6°. Les Chœurs font le déploiement tout entier d'un jeu d'orgue , & tous les Figurans en gefticulant comme des Pantins , peuvent indifféremment chanter du François , de l'Italien , du Grec ou du Latin ; le Spectateur affourdi n'y prend pas garde , & croit ne voir que des automates fonores, gauches & ridicules. 7°. L'on ne trouve pas un feul *Cantabilé* ; & s'il s'agit fimplement d'entendre parler , il vaut mieux aller à la Comédie , où pour l'ordinaire le fujet & la déclamation plaifent & intéreffent davantage. 8°. La Mufique françoife eft furchargée de définences féminines , mais le fon en eft doux ; & je ne puis m'accoutumer dans le mode Italien à entendre répéter vingt fois la même phrafe , cent fois le même mot , & trois cens fois la même fillabe. Je vois toujours paffer en revue l'*a*, *e*, *i*, *o*, *u*, & cette uniformité m'affadit l'ame ; je ne pourrai m'y faire que quand j'aurai fait venir des oreilles nouvelles d'Italie. Les

miennes faites à Paris ne peuvent fe familiarifer
avec les fons mafculins , féminins & neutres des
anciens fucceffeurs des Romains , lors même
qu'ils font dépourvus des chofes effentielles.
Enfin , je regarde Iphigénie comme une affem-
blée de gens doués chacun en particulier d'un
bon caractere , mais dont la fociété eft très-
ennuyeufe. Si l'on ne trouvoit à l'Opéra que
pareille compagnie , je protefte que je ne la
rechercherois pas. Ils vous tranfportent quelquefois par des morceaux délicieux & ravif-
fans; mais l'inftant d'après ils glapiffent, ils
glouffent , ils balbutient, ils croaffent , ils jap-
pent & me dégoûtent. Alors je ne peux pas dire :
Ah ! que c'eft beau, & que je m'amufe ! J'ai été
affez fimple comme les autres pour me faire
pouffer, preffer, échigner, étouffer ; j'ai même
fait plus , j'ai récidivé , mais en vérité j'y ai eu
grand regret. L'expérience n'a fait que confir-
mer ma premiere opinion , & m'a appris défini-
tivement qu'on a fouvent lieu de fe repentir
de fon empreffement à faire de nouvelles con-
noiffances. Je conviens de bonne foi que Cli-
temneftre , Agamemnon & Calchas difent de
tems en tems des chofes agréables & piquantes.
Iphigénie a l'expreffion gracieufe, Achille eft
bouillant & pathétique , & Patrocle eft nul;

A iij

mais j'ai obfervé que ces fublimes Interlocuteurs ne caufent qu'à tour de bras. J'ai cru voir plus de contorfions que de geftes , plus de facades que de fentimens. J'entendois à chaque inftant des coups de gofier & je ne voyois que des coups de poignet. Je croyois fans ceffe qu'on alloit en venir aux mains , & que les coups de poing feroient la cataftrophe. Tout le monde s'en mêloit jufqu'aux femmes & aux chœurs ; or c'eft ce qu'on appelle du feu , de l'action , & c'eft ce qui ravit l'admiration d'une tourbe tirée hors d'elle-même. Malheureufement je n'ai pas l'efprit de m'affecter de même. Agamemnon fe fâche & je voudrois qu'il mît dans fa colere plus de grandeur qu'un Cocher , & qu'il ne morguât pas fon adverfaire , en lui mettant les poings fous le nez. A chaque inftant Achille naturelle- ment emporté , fe paffionne avec raifon , & je defirerois lui trouver l'élévation d'un Héros , fans y mêler la fureur & le ton perçant d'un crycry courroucé. Le feul point de vérité eft de leur faire rendre la groffiéreté des Héros d'Ho- mere , & voilà ce qu'on appelle du grand , du fublime ; mais moi je fuis trop petit pour monter jufques-là , & je ne faurois m'ac- coutumer à penfer par inoculation. Le bon homme Calchas me fait pitié au moment , où voyant qu'il ne peut exercer fa ftupide barba-

rie & qu'on lui a enlevé sa victime, il prend
tout d'un coup le parti de prétexter un miracle
& de se rendre l'ami de tout le monde. J'avoue
que ces jeux de théâtre ne m'attachent pas
assez pour m'enlever le droit de raisonner.
Mes oreilles ne prennent rien sur ma tête & je
pars en disant qu'au milieu des danses allobro-
ges & des airs peut-être savans, mais mal tis-
sus, je me suis amusé pour un quart d'heure &
ennuié pour les trois autres. J'ai peut-être tort ;
mais l'on doit excuser un défaut de nature &
d'éducation musicale. Voilà les raisonnemens
que mille gens m'ont fait , & ce n'étoit pas de
vielles Perruques (comme disent nos jolis cœurs)
car ils étoient tous fraîchement bien coëffés
& à la mode. Le plus grand bonheur de l'Iphigénie moderne est d'être née d'un pere étranger.
Si pour son malheur elle eût été fille d'un François , on lui auroit trouvé l'air provincial & le
jargon maussade , entortillé. Loin de figurer en
souveraine de bonne compagnie , on ne lui auroit peut-être pas permis de parvenir jusqu'à
l'âge de raison. C'est une preuve de notre urba-
nité envers les étrangers & du desir que nous
avons de les attirer en France. Ce sentiment
peut nous faire honneur. Je ne dissimulerai pas
qu'Iphigénie ne m'ait fait plaisir dans quelques

parties de sa conversation. Elle a été bien éle-
vée & peut-être fort instruite ; mais elle ne m'a
parue amusante que par intervalles. Castor &
Pollux, Titon, les Elémens & vingt autres me
paroissent plus égaux & plus soutenus. Je n'y
trouve ni vuides, ni disparates ; un Dieu n'y est
point assis à côté d'un Artisan, & en m'entrete-
nant avec eux je n'éprouve aucun ennui, au
lieu qu'avec le Drame nouveau, mon attention
tombe, & mon goût se choque jusqu'à ce qu'un
morceau piquant vienne me retirer de l'état de
langueur où je suis. J'attends quelques traits &
ne puis m'applaudir de voir un bel ensemble.
Je veux croire cet Opéra très savant ; mais pour
faire un excellent ouvrage dans ce genre, il ne
suffit pas d'être profond, il faut encore avoir
du goût & particuliérement le goût de la Nation
à qui l'on cherche à plaire. Vouloir en conqué-
rant détruire d'un seul coup le préjugé national
& démontrer au public qu'il n'a reçu de ses
ayeux qu'un goût fautif & dépravé, c'est une
opération gigantesque. Les vainqueurs pour se
rendre agréables, ont souvent pris les mœurs
des vaincus. L'Auteur du nouveau Drame a eu
cette sage politique. Il s'est rapproché quand il
l'a pu, de notre forme musicale, & l'on ne doit
pas douter qu'il ne parvienne dans la suite à

nous charmer ou à nous subjuguer ; mais quant
à présent les clameurs furibondes ne me per-
suaderont jamais qu'Iphigénie doive être élue
pour devenir la Reine des Opéra françois. Il
faut même pour en décider plus sûrement atten-
dre une production nouvelle qu'on nous an-
nonce & qui donnera un nouvel essor à la cu-
riosité publique. C'est un nouvel Opéra turc
intitulé *les Odalisques* & qui a été exécuté avec
succès dans le serrail par les Eunuques du dé-
funt Empereur Mustapha. Les paroles sont ca-
chemiriennes , & la Musique est du célèbre
Osman Oglou Bacchanili, Turc de naissance,
Musicien de profession , & par état Sur-Inten-
dant de la Musique du serail. Les paroles sont
assez indifférentes & même plates ; mais l'on
prétend que la Musique produit un grand effet.
Quelque prévenu qu'on soit contre la Musique
ottomane , l'acclamation sera impétueuse , car
la Piece vient de loin , & les Musulmans la
croient bonne. La nouveauté a des droits sur
nous , & beaucoup de choses ne doivent leur
réussite qu'à la bizarrerie des idées & des cir-
constances. D'ailleurs les partisans du moderne
sont toujours sûrs d'être soutenus par une co-
lonie de jeunes gens sortant du College ou de
l'Académie , par de jeunes Officiers & des Mous-

quetaires qui n'aiment que le nouveau & l'ex-
traordinaire. Il n'importe d'où il vienne s'il eſt
bizare. Que leur faut-il ainſi qu'aux trois quarts
de Paris ? Le plaiſir d'être remués ſans ſavoir
pourquoi ni comment. C'eſt le petit-lait des
déſœuvrés , c'eſt le baume des bavards. C'eſt
le triomphe des petits-maîtres & des inutiles. Il
nous faut toujours un point où ſe faſſe le rallie-
ment de la converſation , & ſur lequel on puiſſe
controverſer à tort & à travers. La matiere
s'épuiſe & l'on change d'objet pour entretenir
ſa chaleur. Ah ! que les dernieres années ont
été bonnes & quelle ample moiſſon nous avons
faite depuis trois ans ! Mademoiſelle St. V. la ca-
dette débute à la Comédie , que d'acclamations,
que de tranſports ! la voilà la Reine du jour :
une maladie dangereuſe menace ſes jours & ſes
talens ; quelle déſolation , quel déſaſtre pour
l'Etat ! Mille perſonnes du plus haut rang paſ-
ſent tous les jours à ſa porte , les inconnus même
vont s'y faire inſcrire , l'affluence des caroſſes
fait croire qu'un Héros, qu'une tête capitale
eſt en danger. On ne s'aborde qu'en demandant
de ſes nouvelles. Le fameux Mé. quelques
années auparavant avoit produit la même ſenſation. Elle ſuit ſon exemple ; une heureuſe
convaleſcence promet la conſervation de ſes

jours précieux , & dès-lors on cesse de se paf-
sionner. On la revoit avec indifférence, le rêve
s'évanouit, & au réveil la voilà rentrée dans
la classe des citoyennes ordinaires , après avoir
été le sujet de cent mille querelles. A cette Ac-
trice incomparable , il en succéde une autre &
la guerre se rallume. Jamais talens ne se sont
annoncés avec tant d'avantages. C'est plus
qu'une mortelle, c'est une Déesse descendue
de l'Empirée. Ses essais effacent les succès des
Actrices les plus consommées. Les voûtes du
Spectacle sont ébranlées , on s'étouffe pour entendre , pour admirer. Les défauts même sont
canonisés, les pieds , les mains, les acclamations, les cris ne suffisent pas à la grandeur des
trophées qu'on veut élever. L'ivresse est épidé-
mique, & l'on en soutient les accès aux dépens
de sa propre vie. Mais rougissez grands & sots
enfans, l'illusion se dissipe. Ces corps monstrueux
que vous voyiez de loin ne sont que des bâ-
tons flottans , vous reconnoissez votre ineptie
& vous cherchez à la pallier ou à la désavouer.
La cataracte est tombée de vos yeux. Les
beautés ne vous paroissent plus que des imper-
fections, vous blamez , vous critiquez & vous
cherchez à vous venger sur l'Idole des adora-
tions que votre folie lui a prodiguées. Vous ne

lui rendez pas même la justice qui lui est dûe.
Hélas ! si vous avez cherché à la gâter , faut-il
lui faire porter la peine de votre sottise ? Soyez
plus paisibles , vous serez plus judicieux. Ne
parlez pas toujours , raisonnez quelquefois , &
sur-tout ne donnez pas à la jeunesse ignare &
présomptueuse le droit de décider inconsidéré-
ment de tout , en étouffant à force de poumons
le cri du sens commun.

Bientôt une nouvelle carriere vient s'ouvrir
à votre indiscrétion. Un homme de condition
est accusé d'une action honteuse , & la nouveauté du fait vous le fait présumer coupable.

En vain les inconséquences, les combinaisons
refléchies , les impossibilités même devroient
vous détromper , la multitude vous entraîne ,
la chaleur vous égare , & vous vous passion-
nez pour accréditer des chimeres démenties par
la saine Logique. Dès-lors on ne raisonne plus ,
on jappe , on abboye , on se mord. La plus forte
poitrine l'emporte , & le jugement même ne
subjuge pas les maniaques qui s'époumonnent
encore jusqu'à ce que la trace des faits s'englou-
tisse dans la nuit du tems.

La crise est à peine dissipée que la décora-
tion change. Un homme connu par des opéra-
tions d'esprit est accusé d'avoir voulu séduire

son Juge par le ministere de la femme du Séna-
teur même. Dès l'instant le feu se met aux étou-
pes ; on s'allume , on se partage , l'on dispute &
l'on finit par ne se plus entendre. Tous les dî-
ners , tous les soupers retentissent de l'esprit
de parti. Les familles , les sociétés se divisent &
l'on est prêt à chaque instant à en venir aux
mains. L'on a beau vouloir imposer silence sur
cette matiere compliquée , l'on en fait le refrein
de toutes les conversations & l'on ne s'aborde
qu'en demandant des nouvelles de l'affaire,
comme si le bonheur de la nation y étoit
attaché. Cependant le Juge prononce & fait
supporter aux Parties la peine d'une indiscrétion qui lui paroît téméraire ; dès - lors les
criailleries recommencent avec plus de chaleur.
L'Acteur principal avoit prodigué l'Epigramme
pour amuser le Public malin & avide de rire aux
dépens des autres. Plus des Mémoires sont vifs
& piquans, plus le Parterre qui ne veut que se
divertir en protege l'Auteur ; mais la Loi n'en
pense pas toujours de même , & le repentir
effectif tombe sur celui qui s'est sacrifié pour
égayer les autres. On le défend , par amour-
propre ; mais on ne s'y intéresse pas, & bientôt on l'oublie. Quelquefois même , par un
retour trop commun, on le blâme & on désa-
voue le sentiment qu'on lui avoit accordé.

C'eſt ce qui arriva. Les ris ſe convertirent en plaintes ; le nuage peu-à-peu ſe diſſipa dans le lointain , & l'on s'occupa d'autres choſes ſans s'embarraſſer de ſavoir ſi les Acteurs principaux s'affligeoient ou ſe conſoloient. On avoit vu la Piece ; on avoit ri , & l'on etoit content. La toile étoit baiſſée. Nos propos ſont ſi légers qu'au bout de quelques jours le vent les emporte toujours, pour en rapporter d'autres.

Aujourd'hui une nouvelle Scène attire les Spectateurs. Les Italiens & les François avoient combattu long tems & avoient penſé s'écharper pour la ſupériorité de leur Muſique reſpective ; c'eſt aujourd'hui un Allemand qui ſe préſente pour les mettre d'accord, en leur démontrant qu'ils ſont également dans l'erreur, & qu'il a trouvé le ſeul ſecret de réunir l'élégance itaïienne, les graces françoiſes , le léger , le badin, le pathétique , le terrible, & tous les ornemens de la Muſique grecque, romaine & univerſelle. L'on crie d'avance au miracle. Il faut quitter toutes ſes affaires , ſes repas , ſes devoirs même pour l'aller entendre. On ſe fait enfoncer les côtes : l'on riſque cent fois d'être eſtropié , l'on paſſe ſix heures dans une attitude contrainte , l'on ſouffre pour une vaine curioſité une gêne qu'on ne ſupporteroit pas pour la

Religion, pour l'Etat, pour sa Famille, & voilà
la guerre rallumée. Les étendards sont déployés.
Chacun se fait une affaire personnelle de triom-
pher.

Mais un incident retarde les projets de con-
quête. Un enrôlement inofficieux a l'audace
d'attaquer un des appuis de la Scène lyrique,
& dès ce moment tout est perdu. Jamais la
perte d'une bataille, ni la mort d'un Grand ne
causa dans Paris une sensation plus douloureuse.
On se cherchoit pour se plaindre, on s'écrivoit
pour s'informer. On accusoit la Nature, on
supposoit des causes politiques; enfin tout étoit
en combustion, les hommes tempêtoient, les
femmes gémissoient, les inutiles jettoient les
hauts cris; & l'on auroit vu moins de tribula-
tions, si tous les peres & tous les maris étoient
morts. Il faut cependant patienter, & le Ciel
sçait ce qu'il en coûte. A la fin le phénomene
paroît, & les armes s'aiguisent. Les reproches
éclatent, les cabales s'animent, & la dispute
trouve des alimens pour six mois. Ne nous éton-
nons plus, Peuple François, s'il vous reste si peu
de sensibilité pour les choses solides, vous
l'épuisez toute entiere pour des frivolités & des
niaiseries. Un parent malade, un ami dans la
douleur, une crise dans l'Etat, sont des nuan-

ces légeres que la Comédie & l'Opéra font dis-
paroître à vos yeux. Quoi, vous vous croyez
les Rois du monde. Vous donnez le ton, vous
décidez tout, vous êtes des Professeurs de goût,
& le démon de l'enfantillage vous berce du
matin au soir. Oh bien, disputez tout à votre
aise ! Je ne me mêlerai pas de vos querelles &
j'en hausserai les épaules. Iphigénie en Aulide,
en Tauride, ou à Paris ne sera pour moi qu'une
vision cornue ; qu'elle parle ou qu'elle chante
comme elle voudra, je m'en embarrasse moins
que de la récolte des bleds, de la subsistance
des pauvres, de la santé de mes amis & du
bonheur des gens sensés qui du matin au soir
ne sont pas occupés de chimeres & de frivolités, dont vous faites sans cesse vos Dieux &
vos délices.

F I N.